BIBLIOTHÈQUE CHRÉTIENNE

DE L'ADOLESCENCE ET DU JEUNE ÂGE

publiée avec approbation

Monseigneur l'Évêque de Limoges

Ste VIERGE.

# LA BERGÈRE

## DE NANTERRE

### PAR

### RÉGIS HELLIMER.

| LIMOGES | PARIS |
|---|---|
| F. F. ARDANT FRÈRES, | F. F. ARDANT FRÈRES, |
| Rue des Taules. | 25, q. des Augustins. |

# LA BERGÈRE DE NANTERRE.

C'est sainte Geneviève, ma patronne, fit observer la petite lectrice. Pour ce motif, bien sûr, mon grand-père a voulu lui donner une place dans ses récits; et voici comment il parle d'elle :

Lorsqu'on considère atten-
tivement les figures de sain-
tes qui ornent les fresques ,
ou sont ébauchées sur les vi-
tres des antiques cathédra-
les, on est étonné de la grâce
radieuse et extatique qu'ont
su leur donner les peintres
du moyen-âge. Elles peuvent
manquer de beauté et de ré-
gularité peut-être, mais jamais d'expression. On devi-
ne , en les voyant , que ce
sont de pieuses images ; le

fidèle plierait le genoux et invoquerait les bienheureureuses qu'elles représentent; lors même que le peintre n'aurait pas pris soin d'entourer leur front d'un nimbe éclatant et doré.

En 429, il y avait au village de Nanterre, une petite fille qui ressemblait à ces tableaux. Elle s'appelait Geneviève; elle était pieuse, humble et modeste ; pauvre comme les lis des champs

qui ne filent ni ne moisson-
nent, et dont la blancheur
égalerait à peine celle de son
âme pure. Elle grandissait
dans l'ombre et le silence ;
ses journées se passaient
dans une profonde solitude,
et sa vie était celle d'une
religieuse, moins le cloître.
Chaque matin elle conduisait
son troupeau sur les collines
qui entourent son village natal ; et là, seule avec ses
pensées, elle lisait dans le li-

vre éloquent de la nature, et bénissait le créateur dans ses ouvrages.

En ce temps, il advint que deux illustres prélats, saint Germain, évêque d'Auxerre, et saint Loup, évêque de Troyes, traversèrent Nanterre pour se rendre dans la Grande-Bretagne afin de combattre l'hérésie de Pélage.

Les humbles villageois se précipitèrent à leur rencontre. Parmi cette multitude empressée et recueillie, saint Germain distingua Geneviève la bergère. Il fit un signe, et la foule surprise écarta ses rangs pour livrer passage à la jeune fille qui s'approcha respectueusement, mais sans embarras.

L'évêque lui parla du ciel, des devoirs qu'elle avait à remplir, lui prédit qu'elle serait grande devant Dieu, et termina en lui demandant de se souvenir de lui dans le Christ.

De quoi le peuple fut très étonné, car Germanus était un aussi saint prélat que Geneviève une pauvre et obscure paysanne.

Pendant plusieurs années encore elle garda ses brebis sur la montagne. Ceux qui la rencontraient, méditant à l'ombre des vieux chênes, s'abrittant dans le creux des rochers arides, buvant à même les sources d'eau vive dans lesquelles elle trempait le pain noir qui était presque sa seule nourriture, ceux-là ne se doutaient point qu'elle habitait déjà le ciel par une pensée continuelle. Tout au plus voyaient-ils en elle une enfant pieuse, recueillie, raisonnable, plus qu'on a coutume de l'être à cet âge.

Un jour de fête, la jeune fille s'apprêtait à suivre à l'église sa mère Gérontia.

Celle-ci, pauvre femme qui se nourrissait uniquement du produit de son travail, lui ordonna de conduire comme à l'ordinaire le troupeau sur les collines.

Geneviève résista, car elle désirait vivement adorer le Seigneur dans son temple. Gérontia alors, entrant dans une violente colère, s'emporta jusqu'à la frapper. Aussitôt un voile opaque s'étendit sur la vue de cette femme; pour elle il n'y eut plus ni jour ni nuit, et elle demeura aveugle pendant près de deux ans.

Ce malheur désola surtout la jeune fille, car elle le regardait comme une punition de la colère que sa désobéissance avait inspirée à Gérontia.

Vers la fin de la seconde année de sa cécité, la triste infirme envoya Geneviève chercher de l'eau dans un puits qu'elle lui désigna. L'enfant s'y rendit à l'instant même ; après avoir rempli sa cruche, elle s'inclina sur la margelle , n'essaya plus de résister à sa douleur, et pria longtemps , demandant au Dieu qui convertit les rochers en source jaillissantes d'imprimer à cette eau une vertu salutaire qui put rendre la vue à Gérontia.

Cette prière , prononcée avec la foi qui aurait le pouvoir de transporter les montagnes , monta vers le Seigneur comme un pur enceńs, et les yeux de la mère affligée se rouvrirent à la lumière.

Geneviève avait quinze ans lorsqu'elle devint orpheline et fut obligée d'aller demeurer chez sa marraine qui habitait Paris. Elle abandonna tout ensemble les parents qui l'avaient fait chrétienne, son village tant aimé, sa chaumière , les collines sur lesquelles elle avait passé une partie de son existence, et qui étaient le temple où elle avait appris à prier et à se recueillir.

Dans sa nouvelle demeure, elle se livra aux plus pénibles austérités. Bien que sa marraine fut riche, elle changea peu de chose à son costume d'autrefois, et, comme elle l'avait promis à l'évêque d'Auxerre, elle témoigna un profond dédain pour les parures et ajustements mondains.

Il y avait plusieurs années qu'elle habitait Paris, lorsqu'une nouvelle terrible vint jeter l'alarme au milieu de la population.

Attila, après avoir ravagé plusieurs provinces romaines, s'avançait vers les Gaules dont il menaçait de détruire la capitale.

Les Parisiens, frappés de

terreur, résolurent d'un com-
mun accord de quitter leur
pays natal pour se retirer
dans des villes mieux forti-
fiées.

Quelques personnes pru-
dentes et sages insinuèrent
vainement qu'il convenait au
contraire de se préparer à
la défense, ou du moins de
ne pas fuir avant que l'en-
nemi se disposât à attaquer
la ville. Tous rejetèrent cet
avis, car on ne se défendait

point contre Attila, dont le nom seul glaçait d'épouvante, et chacun fuyait sans honte devant celui qui s'appelait lui-même le fléau de Dieu.

Cependant les Parisiens ne ne voulaient abandonner aux barbares que leurs maisons vides et leurs rues désertes. A la hâte ils rassemblaient leurs richesses, leurs objets les plus précieux ; ils s'approvisionnaient d'aliments, et les plus pauvres gardaient au moins un souvenir du foyer qu'ils allaient quitter pour toujours peut-être.

Pendant ce temps, Geneviève avait réuni un assez grand nombre de femmes et priait avec elles. Elle comprenait, la bergère ignorante, que le salut de la capitale était entre les mains de Dieu, et que c'est lui, selon l'expression du psalmiste, qui brise les arcs, rompt les flèches et jette les boucliers au feu.

Les chars étaient attelés et remplis de tous les objets de prix qui pouvaient être transportés. Les hommes s'étaient armés, plutôt pour rassurer les femmes et les enfants, que dans l'intention de se défendre s'ils étaient attaqués. Leurs piques et leurs lances, à l'extrémité desquelles ils avaient suspendu des vivres, présentaient du reste un aspect des plus inoffensifs.

Ce qui peignait surtout l'effroi de ces malheureux, c'était la précipitation, l'in-souciance, le désordre avec lesquels ils entassaient dans les chars l'or, l'argent, les vases précieux, sans chercher à en reconnaître les proprié-taires.

Comme on allait donner le signal du départ, la ber-gère de Nanterre apparut tout-à-coup au milieu de cette foule effrayée et tremblante. Humble, simple, modeste plus que personne, elle puisa dans sa confiance en Dieu qui l'inspirait, le courage de s'adresser au peuple démoralisé.

— Où courez-vous ? s'écria-t-elle ; qui vous dit que votre ville sera prise et pillée, tandis que les barbares respecteront celles où vous prétendez vous retirer ?

Ponrquoi le contraire n'arriverait-il point? Demeurez et soyez forts dans le Seigneur. C'est par les veilles, les prières et les jeûnes que l'on détourne les fléaux de Dieu, et que l'on apaise sa colère.

Elle savait, la sainte et l'inspirée, que c'est d'en-haut qu'arrive tout secours, et que « si le Seigneur ne garde lui-même la cité, c'est en vain que la sentinelle veille. »

Une exclamation furieuse et ironique lui répondit ; les uns s'emportèrent contre elle, les autres accueillirent ses paroles par des rires de dédain.

Sans s'inquiéter de ces éclats moqueurs, elle saisit les rênes d'un coursier frémissant près d'elle et le dirigea vers la Cité. Une horrible clameur retentit dans la foule, les malheureux se ruèrent sur ceux qui voulait les sauver et parlèrent de la mettre à mort.

C'en était fait peut-être de la servante du Seigneur, et elle s'abandonnait à son sort avec la plus grande résignation, car l'existence véritable commence pour le juste lorsqu'il s'éveille dans l'éternité. Mais Dieu ne délaisse point ceux qui ont embrassé sa cause, et il envoya à Geneviève un secours bien inattendu.

L'archidiacre d'Auxerre qui arrivait à Paris, ne pouvait deviner le motif de ce désordre et de ces rassemblements, se rendit au lieu même où la foule se tenait plus compacte.

Il interrogea la bande furieuse qui accusait la jeune fille. Aussitôt qu'on eut prononcé le nom de la bergère de Nanterre, l'archidiacre s'avança respectueusement vers elle.

Ce que voyant, le peuple irrité s'apaisa soudain.

— Voici, dit le prélat à Geneviève, voici que je vous apporte les eulogies de la part de Germanus mourant.

Ces eulogies étaient du pain et d'autres objets bénits que l'on s'envoyait en signe d'union, et de fraternité.

Le nom de Germanus, qui circula de bouche en bouche, acheva de changer les desseins de ce peuple léger et insouciant.

Ainsi le saint évêque, qui avait le premier distingué Geneviève dans son enfance, venait de lui sauver la vie.

Aussi prompts à accepter les avis de la jeune sainte qu'ils l'avaient été à les refuser, les Parisiens retournèrent dans leurs demeures, et attendirent avec résignation, sinon avec calme, l'arrivée du terrible Attila.

Mais celui-ci n'approcha point des murs bénits que protégeait la bienheureuse. Il se dirigea vers la Loire avec sa présomption et sa sécurité habituelles. Une armée formidable l'attendait sous les ordres du général romain Aétius. Le barbare fut vaincu et l'Europe sauvée.

Les Parisiens reconnaissants ont depuis longtemps choisi pour patronne la sainte bergère de Nanterre. Ils lui ont dédié des églises, et le Panthéon bâti d'abord en son honneur, a reçu pendant plusieurs années une autre destination. Mais ces prétendus grands hommes, dont les cendres souillaient ce beau sanctuaire, ont été retirés de là, et maintenant Sainte-Geneviève est un des plus beaux temples de la capitale.

# LÉON X.

En 1513, vers le commencement du mois de mars, Rome, la ville éternelle, ordinairement si paisible et si calme, prit tout tout-à-coup un aspect bruyant, animé, tumultueux, aussi en dehors de ses goûts que de ses habitudes. Des groupes affairés parcouraient les rues avec une sorte de curiosité impatiente ; la population ouvrière délaissait ses travaux pour se précipiter aux abords du Vatican que la garde papale défendait avec la plus sévère vigilance, ne permettant à personne d'approcher de trop près. Les cloches vibraient presque incessamment dans l'air où passait d'instant en instant une sourde rumeur, exclamation conteune de tout un peuple qui attend un événement important, et ne sait point dissimuler son inquiétude. Les fidèles remplissaient les nefs des églises ; le clergé se tenait dans le chœur, et de continuelles prières suppliaient l'Esprit de sagesse de descendre sur les cardinaux au palais pontifical. Des processions quotidiennes parcouraient la ville dans le même but, et deux fois chaque jour , à six heures du matin et à dix heures du soir, les habitants se portaient en foule sur les points d'où ils pouvaient apercevoir les toits du Vatican. Tous les yeux se dirigeaient vers la même cheminée, et tous les esprits paraissaient remplis de la même pensée.

Ils demeuraient longtemps ainsi , curieux et attentifs ; mais dès qu'une fumée légère s'échappait en flocons à peine perceptibles et allait se perdre dans l'atmosphère, ils s'éloignaient déçus, désappointés, en se répétant les uns aux autres :

— Ce sera pour demain, sans doute.

Le lendemain ils revenaient pour se disperser aussitôt que la fumée laissait flotter dans l'air sa spirale grêle et tremblante.

Ainsi fit le peuple durant sept jours. Le huitième, li

s'assembla encore , mais il n'aperçut nulle trace de feu, et aucune vapeur ne ternit le ciel étincelant qui s'élevait au-dessus du palais comme un immense dôme d'azur.

Alors l'agitation , l'impatience , la curiosité ne connurent plus de bornes, car un nouveau pontife venait d'être élu, et chacun attendait avec anxiété le moment où l'on proclamerait son nom.

Le pape Jules II était mort

depuis dix-huit jours , et le lendemain de ses obsèques les cardinaux étaient entrés processionnellement au conclave. Logés au Vatican dans des cellules construites exprès pour eux , ils ne sortaient même point pour prendre leurs repas. Deux personnes chargées de les servir allaient chercher dans un tour des aliments qui avaient été minutieusement visités, car toute correspondance était interdite dans l'intérieur du conclave.

Le matin et le soir ils se réunissaient pour voter. Ils déposaient leurs bulletins dans un calice que l'on renversait ensuite sur une table disposée à cet effet. Les billets étaient lus à haute voix, puis brûlés, quand aucun des cardinaux n'avait obtenu les deux tiers des suffrages. C'était la fumée de ces lambeaux de papier qui apprenait chaque jour aux Romains que la catholicité n'avait point encore de chef.

Ils étaient assemblés depuis huit jours lorsque le prince Jean de Médecis, ayant obtenu la majorité des voix, fut acclamé par tout le conclave sous le nom de Léon X.

Les puissances catholiques accueillirent avec joie la nouvelle de cette élection, et le Sacré-Collége s'applaudit d'avoir appelé au suprême pouvoir un prélat dont la jeunesse et les brillantes qualités promettaient un règne long et glorieux.

Jean de Medicis avait à peine trente-huit ans, et nul plus que lui n'était digne du haut rang qu'il allait occuper. Remarquable par ses vertus autant que par son intelligence supérieure, il était encore d'une naissance illustre, et avait pu acquérir l'habitude du commandement à la cour de son père, Laurent-le-Magnifique. Aussitôt que son nom eût été proclamé, il se leva, quitta sa place, s'avança sans hésitation. Il posa la main sur la tiare par un geste de souveraine majesté, tandis que les voûtes du Vatican retentissaient des plus enthousistes acclamations.

La satisfaction sincère et universelle que les Romains

manifestèrent en apprenant le choix des cardinaux remplit de joie le cœur du nouveau pontife, et ce fut sous les plus favorables auspices qu'il allait occuper la chaire de saint Pierre.

Il était né à Florence, le 11 décembre 1475 , et dès ses premières années il avait montré les plus merveilleuses dispositions. Il était le second fils du duc Laurent et de la princesse des Ursins.

On n'eut qu'à s'applaudir de l'avoir revêtu de la pourpre romaine. « Il en devait être l'ornement, » écrivait au pape son précepteur, Politien. « Il ne le cède à personne en esprit, disait-il dans cette lettre, à aucun de ses aïeux en mérite, à nul de ses précepteurs en amour pour la science. Jamais parole libre ou même légère n'est sortie de sa bouche. Action, grâce, démarche, en lui rien n'est à blâmer. »

Dès l'enfance, le prince possédait la pureté des anges et la sagesse des docteurs ; aussi les poètes, frappés des espérances qu'il donnait, affirmaient que sa vie serait très remarquable, et célébraient par avance ses grandes actions dans leur langage figuré.

L'un d'eux s'écriait, croyant exagérer sans doute :

« Enfant issu d'une race illustre, un jour tu porteras les insignes sacrés de Jésus-Christ, et tu ceindras la tiare. »

Il réalisa amplement cette espèce de prédiction ; non-seulement il devint pape, mais encore il fut un des plus célèbres pontifes dont l'église s'honore, et le plus grand homme du siècle auquel il a donné son nom.

Laurent-le-Magnifique,

dans une époque de désor-
dre et de carnage, avait su
maintenir la paix dans sa capitale et son duché. Il s'était
plu à rassembler autour de
lui des savants, des artistes,
des poètes, et n'avait point
dédaigné de composer lui-
même des vers qui ne sont
pas encore tout-à-fait ou-
bliés.

A son exemple, son fils se
montra toujours le protecteur
des arts et des sciences; il

appela à Rome les hommes les plus distingués, qui rehaussèrent la gloire et l'éclat de son règne.

Les peintres et les écrivains affluèrent dans la ville des Césars, et le berceau de la civilisation donna asile aux esprits courageux qui luttaient contre l'ignorance et la barbarie du moyen-âge.

Il prouva que les grands princes font les grands artistes en les encourageant, en applaudissant à leurs efforts, en leur accordant aide et protection. La vertu, la science, autant que les arts aimables, fleurirent à sa cour. Il semble, du reste, lorsqu'un homme de génie parvient au trône, que la Providence se plaise à grouper autour de lui des personnages remarquables sous divers rapports.

Les siècles de Léon X et de Louis XIV en sont un

exemple ; mais quelque bien partagé qu'ait été en ce temps le monarque Français , il n'en est pas moins vrai que l'illustre pontife posséda dans sa capitale un artiste dont la gloire n'a point encore été égalée , et c'est louer le bon goût et l'esprit supérieur de Léon X que de dire qu'il a été le protecteur constant et affectueuxde Raphaël Sanzio.

Il le comblait de bienfaits, et l'artiste lui prouvait sa

reconnaissance en multipliant ses chefs-d'œuvre, en enrichissant les musées de Rome et les galeries du Vatican de tableaux d'un prix inestimable.

Pour le vénérable pontife il peignit la toile sublime de la *Transfiguration*, et ses *Vierges*, dont une seule suffirait pour établir la renommée d'un grand peintre.

Peut-être, en peignant l'entrevue de saint Léon et

d'Attila, voulait-il représen-
ter son noble bienfaiteur lut-
tant contre l'hérésie naissante.
et s'efforcant de résister aux
infidèles qui menaçaient d'envahir l'Allemagne.

Le pape ressentit la plus
vive douleur lorsque Raphaël
mourut, à l'âge de trente-sept
ans, il voulut qu'on rendît à
ses cendres des honneurs
particuliers ; et , docile aux
ordres de son chef, Rome

vint se prosterner au pied du catafalque.

Les cardinaux portèrent eux-mêmes au château Saint-Ange le corps du rival d'Apelles et de Praxitèle, et Léon X le bénit avant qu'on ne le descendit dans sa dernière demeure.

Il ne lui survécut guère que d'un an ; année triste. La partie la plus glorieuse de ce règne brillant, mais trop court, était terminée ; les tri-

bulations fondaient de tou-
tes parts sur le protecteur
de l'Italie intelligente et ca-
tholique. D'immenses tristes-
ses remplissaient son âme ;
il avait désiré de régénérer
son pays, et des obstacles
insurmontables détruisaient
ses projets. Il avait voulu
faire entrer son peuple dans
la voie de la civilisation, et
il voyait les ténèbres de l'a-
narchie envahir le monde.
Il avait souhaité une paix

universelle, embellie et fécondée par les arts et les sciences, et l'Europe, déchirée par les dissensions, ne respirait que le carnage ; la guerre s'avançait jusqu'aux portes de Rome, les hommes de génie qu'il aimait et protégeait disparaissaient peu à peu sans avoir de successeurs, ne laissant en leur place qu'un vide profond.

Mais lui cependant prêchait la paix et la conciliation, soutenait les vaincus et criait aux vainqueurs : « Ven- gez-vous de vos ennemis, non par des châtiments, mais par la clémence. »

Il leur parlait ainsi , et qui l'a entendu ? Ni Fran- çois Ier, ni Maximilien, sans doute , qui ravageaient la pauvre Italie, et ramenaient le chaos et le désordre où la lumière commençait à à briller.

Trop de douleurs remplissaient le cœur de Léon X : les succès des Turcs achevèrent de la briser ; il mourut le 1er décembre 1521, laissant l'hérésie déchirant l'Allemagne et l'Angleterre.

Pleuré par ses amis et ses sujets, regretté de tous les catholiques, il fit dire à ceux-là même qui ne partageaient point sa foi fervente : « La chrétienté vient de perdre un de ses plus beaux ornements. »

Son règne fut fécond en bonnes œuvres, en grandes actions et en institutions utiles. Il présida le concile de Latran, protégea les monts-de-piété, dirigea la constrction de l'église de Saint-Pierre, dont Jules II n'avait guère fait que poser les fondements ; il enrichit la bibliothèque du Vatican des plus précienx manuscrits, et fit imprimer à Rome même une splendide édition de

Tacite qui était son auteur préféré. Enfin il fut grand et bon, il aima son peuple et représenta dignement le Maître dont il était le vicaire et l'interprète.

FIN.

# TABLE.

—



FIN DE LA TABLE.

Limoges. — Typ. F. F. Ardant frères.

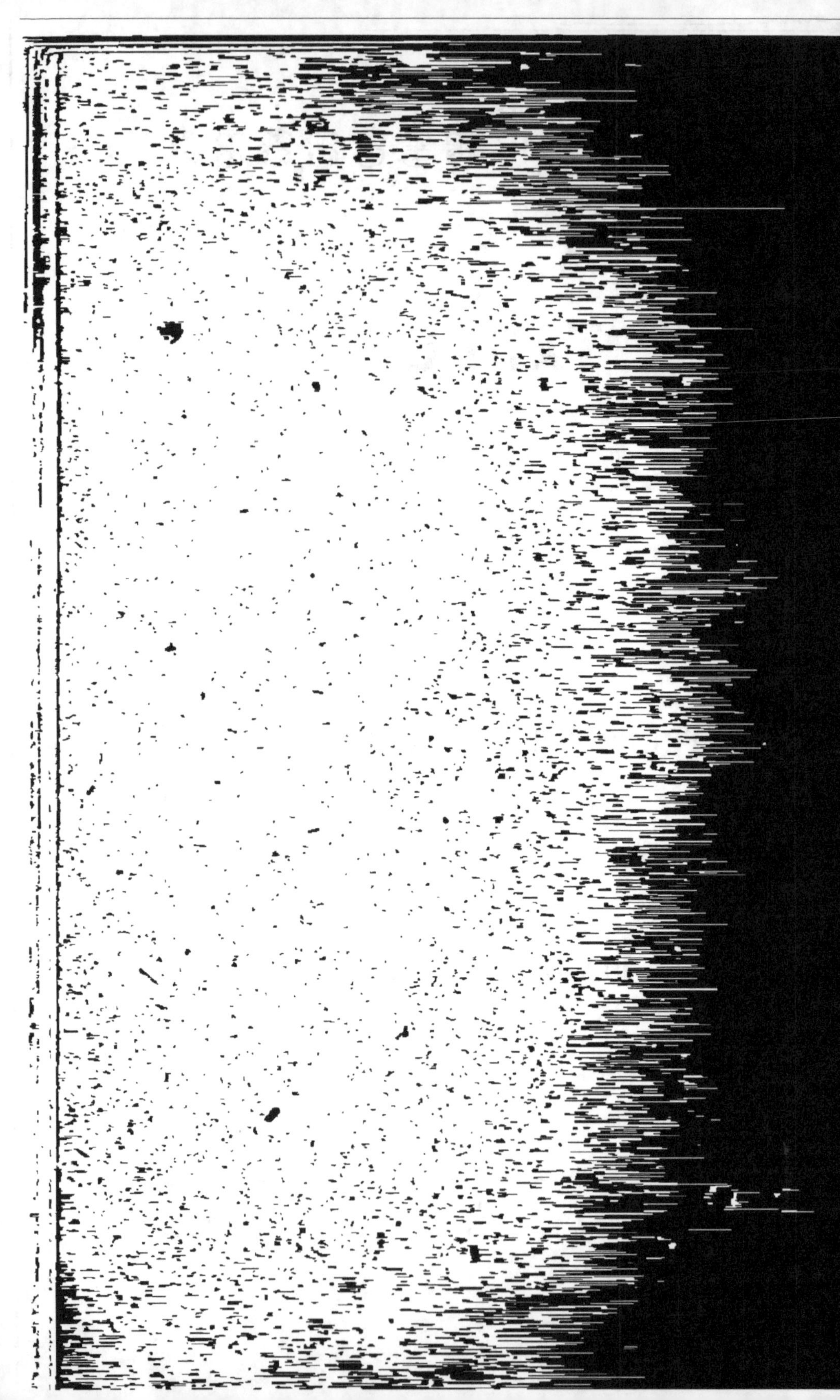

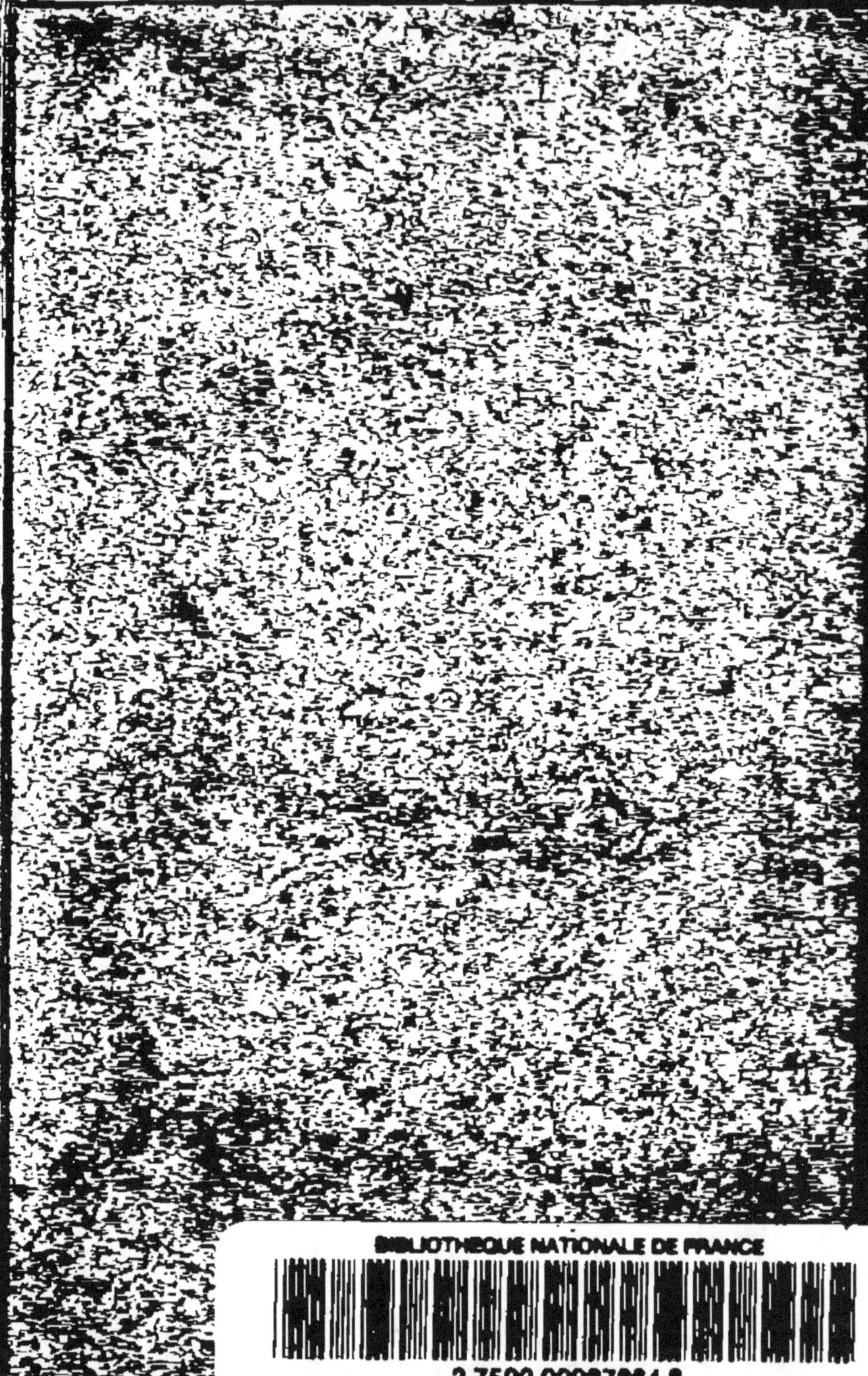

BIBLIOTHÈQUE NATIONALE DE FRANCE
3 7502 00987884 8

www.ingramcontent.com/pod-product-compliance
Lightning Source LLC
Chambersburg PA
CBHW061420060726
47597CB00003B/1104